Inhalt

Wassermanagement - Notwendigkeit und Chance

Kernthesen

Beitrag

Fallbeispiele

Weiterführende Literatur

Impressum

Wassermanagement - Notwendigkeit und Chance

I.Zeilhofer-Ficker

Kernthesen

- Im privaten Sektor sind die Deutschen Musterschüler der westlichen Industrieländer mit einem täglichen Wasserverbrauch von nur 120 Liter pro Tag und Person.
- Einsparmöglichkeiten gibt es noch in Landwirtschaft und Industrie. Neue Standards sollen helfen.
- Unternehmen der Wasser-, Abwasser- und Bewässerungstechnologien bieten sich auf dem Weltmarkt bei stetig wachsendem Bedarf immense Wachstumschancen.
- Marktforscher gehen davon aus, dass allein

der Markt für Smart Water im Jahr 2020 ein Volumen von 16 Milliarden US-Dollar erreichen wird..
- Europäische Unternehmen können sich nach den Kriterien des European Water Stewardship Standards zertifizieren lassen.

Beitrag

Lebensnotwendiges Wasser ist in vielen Ländern Mangelware

Das blaue Gold wird es vielfach schon genannt: Wasser. Kein pflanzliches, tierisches oder menschliches Leben wäre ohne Wasser möglich. Trotzdem gehen wir sehr verschwenderisch mit dem kostbaren Nass um. Im 20. Jahrhundert verneunfachte sich die Wasserentnahme und auch heutzutage wächst der Wasserverbrauch pro Kopf noch doppelt so schnell wie die Erdbevölkerung. In Deutschland mangelt es nicht an bestem Trinkwasser. Über eine Milliarde Menschen haben aber kein sauberes Trinkwasser zur Verfügung und 2,6 Milliarden Menschen müssen ohne sanitäre Einrichtungen leben. (1), (2)

Obwohl es in Deutschland Wasser im Überfluss gibt,

wird versucht, sparsam damit umzugehen. Durch wassersparende Armaturen, WC-Spülungen, Waschmaschinen und Geschirrspüler hat sich der private Verbrauch seit den Achtzigerjahren so stark reduziert, dass viele kommunale Wasserversorger bereits verkünden, wenn noch mehr gespart wird, müssen die Preise steigen. Denn die Fixkosten für ausgedehnte Wasser- und Abwassernetze müssen dann auf die geringeren Abnahmemengen umgelegt werden. Zudem ist in den Abwasserkanälen ein gewisser Durchfluss notwendig, um hygienische Zustände zu sichern. Schon oft muss deshalb mit Frischwasser nachgespült werden. (3)

Doch Trinkwasser im Überfluss zu haben, ist meist nicht die Regel. Allein in Europa leiden 11 Prozent der Bevölkerung und 17 Prozent der Landfläche unter Wassermangel. Global gesehen lebt ein Fünftel der Weltbevölkerung in Gebieten, in denen Wasser rar ist. Der Grund dafür ist häufig eine Übernutzung der Wasservorräte hauptsächlich für landwirtschaftliche Zwecke sowie zur Energieerzeugung. Der größte Anteil der weltweiten Wasserentnahmen (unterschiedliche Quellen sprechen von 70 bis 92 Prozent) wird von der Landwirtschaft verbraucht. Da werden mit oft großem Bewässerungsaufwand Kaffee, Wein oder Sojabohnen in Ländern angebaut, die kaum genug Trinkwasser für die eigene Bevölkerung haben. So fließt mit diesen Produkten jede Menge an virtuellem Wasser in die Bundesrepublik, sodass sie im Vergleich mit anderen Ländern mit einem Jahresverbrauch von 1 500 Kubikmetern nur noch im Verbraucher-Mittelfeld landet. Schließlich sind für die Produktion von nur einem Kilogramm Rindfleisch eine Wassermenge von 16 000 Litern, für ein Kilogramm Kaffee noch 10 000 Liter notwendig. Für die globale Versorgungssituation mit Trinkwasser wäre es deshalb wesentlich sinnvoller, wenn die Deutschen weniger Fleisch äßen, statt auch die letzte Toilettenspülung mit einer Spartaste zu versehen. (2), (4), (5)

Wassermanagement ist unverzichtbar für grüne Wirtschaft

Die industrielle Produktion steht zwar nur für 4,7 Prozent des Wasserverbrauchs in Deutschland, trotzdem gibt es hier noch viele Möglichkeiten des Wassersparens. Auch ist in Schwellen- und Entwicklungsländern die industrielle Produktion noch oft verantwortlich für die Verschmutzung von Flüssen und Grundwasser. So sind zum Beispiel in China bereits viele Nahrungsmittel mit Schwermetallen belastet, weil zur Bewässerung der Felder nur stark verunreinigtes Flusswasser zur

Verfügung steht. Zudem sind wassersparende Bewässerungsmethoden selbst in Gebieten mit großem Wassermangel noch weitgehend unbekannt. Durch die Entnahme von großen Wassermengen für die Landwirtschaft sinkt der Grundwasserspiegel häufig stark ab, was die Versorgungssituation verschlimmert. (6)

Der Mangel an reinem Wasser ist also einerseits Grund für Erkrankungen und Mangelerscheinungen, andererseits behindert der Wassermangel aber auch eine wirtschaftliche Weiterentwicklung, da viele Produktionsprozesse nur mithilfe von Wasser durchführbar sind. Außerdem sind Dürren und Wassermangel häufige Auslöser von Migrationsbewegungen und politischen Unruhen. Mehr und mehr gerät das Thema Wasser deshalb in den Fokus von Politikern und Wirtschaftsbossen. Die EU-Behörden sind dabei, eine neue Wasserstrategie (Blueprint to Safeguard Europes Water) zu entwickeln. Am 12. März 2012 treffen sich Abgeordnete aus 180 Ländern zum World Water Forum, um die Probleme zu diskutieren und Lösungen zu suchen. Das Motto der Tagung lautet deshalb auch Zeit für Lösungen. Auch die vorbereitende Tagung The Water, Energy and Food Security Nexus im November 2011 in Bonn beschäftigte sich ausführlich mit dem Thema Wassermanagement als wichtiger Eckpfeiler für eine grüne Wirtschaft. (5), (7), (11)

Weltweiter Wachstumsmarkt

Man hat erkannt: der nachhaltige Umgang mit den globalen Trinkwasservorräten ist mindestens genauso wichtig wie der Wandel hin zu erneuerbaren Energien. Eine intelligente Wasserversorgung - Stichwort Smart Water - ist einer der Zukunftsmärkte, in denen Technologieanbieter mit innovativen Ideen punkten können. Marktforscher gehen davon aus, dass allein der Markt für Smart Water im Jahr 2020 ein Volumen von 16 Milliarden US-Dollar erreichen wird. Für die Wasseraufbereitung sowie die Trinkwassergewinnung durch Meerwasserentsalzung scheint die Membrantechnik großes Potenzial zu haben. Mikro- oder Tröpfchenbewässerung versprechen für den Anbau von Getreide, Obst und Gemüse einen wassereffizienten und nachhaltigen Anbau. (8)

Unternehmen der Wasser- und Abwasserwirtschaft können an einem riesigen Markt teilhaben. In Industrieländern stehen milliardenschwere Investitionen für die Instandhaltung bestehender Netze an. Rund 55 Milliarden US Dollar sind für die Trinkwasserversorgung notwendig, für die Abwasserreinigung liegen die Schätzungen sogar bei 140 Milliarden Dollar pro Jahr. Dazu kommt der

Bedarf in Schwellen- und Dritte-Welt-Ländern, in denen die Wasserversorgung erst aufgebaut werden muss. Innovative Lösungen wie beispielsweise Wasserpumpen, die mit Muskelkraft betrieben werden können, sind hier besonders gefragt. Vor allem in den Trockenzonen der Welt muss die Landwirtschaft auf wassersparende Bewässerungssysteme umgestellt werden. Die enormen Marktchancen von Unternehmen der Wertschöpfungskette der globalen Wasserwirtschaft dürften sich in den kommenden Jahren in rapide steigenden Umsätzen wiederspiegeln. (5), (9)

European Water Stewardship Standard

In der westlichen Welt erfreuen sich nachhaltig produzierte Produkte einer steigenden Nachfrage. Industriestandards verlangen deshalb auch, mit Wasser verantwortungsvoll umzugehen. Die Non-Profit-Organisation European Water Partnership hat den European Water Stewardship Standard entwickelt. Unternehmen, die sich nach diesem Standard zertifizieren lassen, haben somit einen unabhängigen Nachweis, dass sie mit der Ressource Wasser nachhaltig und verantwortungsvoll umgehen. (10), (15)

Der Standard baut auf den folgenden vier Hauptprinzipien auf:

1. Die Unternehmen entnehmen nicht mehr Wasser als das Ökosystem zur Verfügung stellt = nachhaltige Wasserentnahme hinsichtlich der Menge.
2. Ein guter Wasserzustand bezüglich chemischer und biologischer Elemente wird kontinuierlich sichergestellt.
3. Gebiete mit hoher Bedeutung für die Wasserversorgung (z. B. Feuchtgebiete, Auen und Seen) werden wiederhergestellt und geschützt.
4. Ein faires und transparentes Wassermanagement wird erreicht.

Sowohl Industrie- als auch landwirtschaftliche Unternehmen können sich zertifizieren lassen. Je nach Prüfergebnis kann der Bronze-, Silber- oder Goldstatus erreicht werden. Die Zertifizierung ist jeweils für drei Jahre gültig. Überwachungs-Audits werden jährlich durchgeführt. (10), (15)

Trends

Wasser wird immer kostbarer. Deshalb ist zu erwarten, dass mit der neuen EU-Wasserstrategie weitere Auflagen auf die Unternehmen zukommen. Wer sich schon jetzt mit Wassereffizienz und Wassermanagement auseinandersetzt, ist gut auf neue Vorschriften vorbereitet. Und der Markt verlangt schon jetzt nach nachhaltigem Umgang mit Wasser. (11)

Da sich ausgedehnte Wasser- und Kanalnetze mit zentralen Großkläranlagen als störanfällig und teuer erwiesen haben, ist zu erwarten, dass die Wasserversorgung in ähnlicher Weise einer Dezentralisierung entgegen geht, wie die Energieversorgung. Unternehmen der Wasserwirtschaft und Wasserinfrastruktur können davon profitieren. (12)

Fallbeispiele

BASF hat maßgeblich an der Entwicklung des European Water Stewardship Standards mitgewirkt. Als nächster Schritt werden bis zum Jahr 2020 alle BASF-Standorte in Wasserstressgebieten überprüft und nachhaltige Wassermanagementsysteme eingeführt. Zudem hat BASF 2011 die bayerische Inge AG, die weltweit Wasseraufbereitungsanlagen mit Multibore-Membrantechnologie ausstattet, übernommen. (8), (10)

Auch Siemens engagiert sich auf dem Wassermarkt.

Anfang des Jahres 2012 hat der Konzern die US-Firma Cambridge Water Technology gekauft. Die Spezialität von Cambridge Water sind Wasseraufbereitungsverfahren, die Magnetit als Ballaststoff einsetzen. Diese patentierten Verfahren steigern die Kapazität von Behandlungssystemen und verringern dadurch die Kosten. (13)

Die Textilproduktion - vor allem von Jeansstoffen - ist berüchtigt für einen hohen Wasserverbrauch. Der französische Modemacher Francois Girbaud hat mit dem Unternehmen Jeanologia ein Verfahren entwickelt, das Laser und Ozon nutzt und so rund 70 Prozent weniger Wasser benötigt. Auch der Einsatz von Chemikalien kann damit um 90 Prozent reduziert werden. (14)

Weiterführende Literatur

(1) Die Zukunft gehört den Energiesparern
aus Frankfurter Allgemeine Zeitung, 10.11.2011, Nr. 262, S. B2

(2) Die ignorierte Weltwährung Wasser ist die wichtigste Ressource des 21. Jahrhunderts. Es verdient ein besseres Management - und mindestens so viel Aufmerksamkeit wie unser Geld
aus Financial Times Deutschland vom 23.11.2011, Seite 24

(3) Zwang zur Sanierung belastet Hausbesitzer
aus Financial Times Deutschland vom 23.11.2011,
Seite 24

(4) Die große Bilanz des globalen Wasserverbrauchs
aus Berliner Morgenpost online, 16.02.2012, 08:38:00

(5) Edle Tropfen Sprudelnde Renditen
aus HandelsZeitung vom 07.07.2011, S. 27

(6) Swisscanto (LU) Equity Fund Water Invest B im Fokus
aus HandelsZeitung vom 07.07.2011, S. 27

(7) FAO: Landwirtschaft kann Motor der "Grünen Wirtschaft" werden
aus Agra-Europe (AgE), 52. Jahrgang Nr. 47 vom 21.11.2011

(8) Auch die Wasserbranche setzt auf Smart Grids
aus Agra-Europe (AgE), 52. Jahrgang Nr. 47 vom 21.11.2011

(9) Blaues Gold Wasser ist eine wertvolle Ressource. Das macht es als Investmentthema interessant
aus Financial Times Deutschland vom 29.11.2011, Seite 7SB07

(10) BASF maßgeblich an der Entwicklung des European Water Stewardship Standards beteiligt
aus ddp direct Pressemitteilung vom 11.01.2012, 10:10:03

(11) Wasserbranche setzt auf Dialog
aus Bayerische Staatszeitung, 03.02.2012, S. 17

(12) Das Kanalnetz der Zukunft ist anders
aus Kölnische Rundschau, 11.10.2011

(13) Siemens US-Firma für Ausbau des Wasser- und Abwasseraufbereitungs-Portfolios gekauft
aus www.elektrotechnik.de vom 30.01.2012

(14) Wasser Stop
aus www.elektrotechnik.de vom 30.01.2012

(15) European Water Stewardship
aus www.elektrotechnik.de vom 30.01.2012

Impressum

Wassermanagement - Notwendigkeit und Chance

Bibliografische Information der deutschen Nationalbibliothek

Die Deutsche Nationalbibliothek verzeichnet diese Publikation in der deutschen Nationalbibliografie; detaillierte bibliografische Daten sind im Internet über http://dnb.d-nb.de abrufbar.

ISBN: 978-3-7379-1530-4

© 2015 GBI-Genios Deutsche Wirtschaftsdatenbank GmbH, Freischützstraße 96, 81927 München, www.genios.de

Alle Rechte vorbehalten. Dieses Werk ist einschließlich aller seiner Teile – z.B. Texte, Tabellen und Grafiken - urheberrechtlich geschützt. Jede Verwertung außerhalb der Grenzen des Urheberrechtsgesetzes bedarf der vorherigen Zustimmung des Verlags. Dies gilt insbesondere auch für auszugsweise Nachdrucke, fotomechanische Vervielfältigungen (Fotokopie/Mikroskopie), Übersetzungen, Auswertungen durch Datenbanken oder ähnliche Einrichtungen und die Einspeicherung und Verarbeitung in elektronischen Systemen.